T 41 4

Lb^{41} 295

NI MARAT, NI ROLAND.

OPINION

D'ANACHARSIS CLOOTS,

DÉPUTÉ DU DÉPARTEMENT DE L'OISE,

A LA CONVENTION NATIONALE.

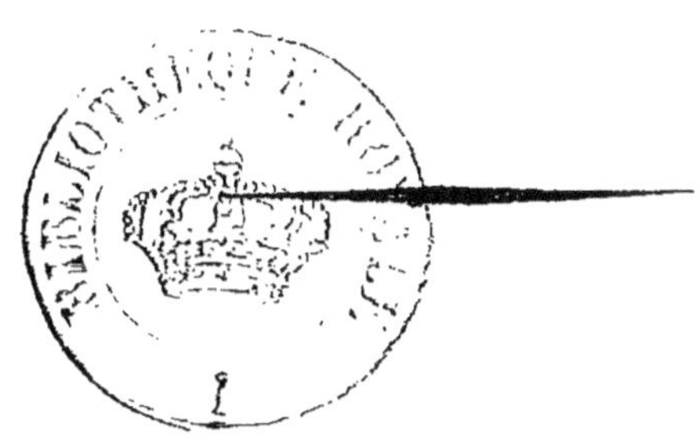

A PARIS,

Chez DESENNE, Imprimeur-Libraire, au Palais de l'Egalité, n°s. 1 et 2.

1792.

L'an 1er de la République.

Veritas atque libertas.

NI MARAT, NI ROLAND.

OPINION

D'ANACHARSIS CLOOTS,

DÉPUTÉ du Département de l'Oise, à la Convention Nationale (1).

Il y a plus de trois semaines que j'ai articulé un fait, très-indifférent par lui-même, mais

(1) Puisque chacun imprime son *opinion*, je publie la mienne, d'autant plus qu'on répète inexactement mes expressions verbales. L'assemblée, après avoir ouï Louvet et Robespierre, a eu raison de consacrer la maxime : *A bas les hommes ! à l'ordre du jour les choses!* Je recommande cette maxime à Roland et à Marat, deux êtres qvi se donnent mutuellement une importance grotesque. Roland, par ses étranges assertions sur la première semaine de septembre, fait valoir Marat auprès des *sans-culottes* ; Marat, par ses étranges assertions sur tous

qui excite aujourd'hui la curiosité de la Convention et de la Nation. J'en demande excuse à

---

les événemens, fait valoir Roland auprès des *gens culottés*. La multitude, qui sait à quoi s'en tenir sur la révolution des mois d'août et de septembre, regarde Marat comme un limier utile, mais sanguinaire; elle regarde Roland comme un contrôleur utile, mais équivoque. L'œil louche de celui-ci, et l'œil hagard de l'autre, sont amandés par un peuple qui veut être bien servi, mais qui ne sert personne; un peuple qui ne suspend le cours des lois qu'à son corps défendant, et en prononçant un décret d'urgence. Que Marat invite au meurtre; que Roland invite à des mesures liberticides, le peuple se moque de leurs travers, en rendant justice à leurs vertus. Avec les idées de Roland, je ferois l'impossible pour modifier nos bases constitutionnelles; avec les idées de Marat, je croirois que l'égalité en droits est une calamité de fait: mais je pense comme le peuple, dont la sagesse plane pardessus toutes les sottises individuelles, et mon ardeur pour la propagation des vrais principes, augmente avec le triomphe de nos armées et de nos argumens. Je ne m'étonne pas de l'aversion des Rolandistes pour la *république universelle des sans-sulottes*. On a beau leur dire que la paix perpétuelle sera le prix de la loi universelle; ces hommes si tendres vous soutiendront,

Guadet, qui m'a sommé, par les plus exécrables vociférations, de ne pas insister sur mon dire, et qui auroit voulu, avec sa large consience, me faire passer modestement pour un menteur, afin d'éviter un prétendu massacre populaire. La chaleur de Guadet me parut très-suspecte ; mais ne lui ayant jamais entendu professer des hérésies politiques, j'en conclus qu'il avoit trop dîné. Peut-être suis-je trop indulgent.

Malgré les petits sophismes et les petites passions, la vérité triomphera sous le règne de la liberté ; la faction du genre humain l'emportera sur la faction Marat, et sur la faction Brissot. Cette victoire sera d'autant plus facile, que Marat est, à peu près, seul avec ses poignards, comme Médée avec ses poisons. Le *moi* du grand Corneille pourroit s'appliquer à l'extravagant Marat ; quant à Brissot, je ne connois pas d'homme moins brissotin que lui ; mais ses

---

avec le doux Kersaint, que la guerre est nécessaire de temps en temps ; qu'il faut des saignées au genre humain comme au corps humain. Et cependant Kersaint, qui veut à jamais des massacres en bataille rangée, abhorre Marat, qui ne veut pas de révolution au *bain-marie*.

erreurs sont si graves, qu'à moins de le connoître personnellement, on le croiroit payé par tous les ennemis de la France et du genre humain; et c'est lui faire, en vérité, beaucoup trop d'honneur. Brissot, avec sa marche tortueuse, ses mensonges officieux, et ses systêmes avortés, devoit être suspect aux républicains indivisibles; Paris devoit naturellement l'avoir en horreur. Les royalistes cachés, les fédéralistes honteux, et les modérantistes insinuans, se coalisèrent pour accorder les honneurs du fauteuil contre-révolutionnaire à Brissot, qui ne s'en doutoit pas: et voilà comment Brissot, avec sa médiocrité, est devenu, sans le savoir, le prête-nom de tous les charlatans politiques. Cette ligue sourde trouve de puissans obstacles dans la masse et les lumières d'une ville de Paris, le centre de l'unité constitutionnelle.

La sanglante journée du 2 septembre est devenue un prétexte pour les fédéralistes, comme la sanglante journée du 6 octobre pour les aristocrates. Rien n'est plus oratoire que de montrer une chemise, trempée dans le sang, aux hommes foibles, aux femmes timides, et de s'écrier, avec le ci-devant châtelet: *Le voilà donc connu ce secret plein d'horreur!* Je soutiendrai toujours, et mon œil vaut celui d'un autre, que le carnage du 2 septembre est une suite de la révolution, comme le carnage qui abreuve les sillons de la Champagne. Il est vrai que la retraite des Prussiens a rendu l'expédition des prisons, et la dépense du camp de Paris très-inutiles. On vous prouvera aujourd'hui que c'est du sang et de l'argent répandus à pure perte. Il est démontré que des coquins ont volé, et que des scélérats ont proscrit des têtes civiques; moi-même j'étois affiché dans les carrefours, sous les portiques, sur les colonnes, pour un homme pendable; ma vie étoit entre les mains d'un Marat, comme la vie d'un brave officier est à la merci d'un lâche soldat, dans une bataille. Dieu sait tous les crimes particuliers qui se commettent après une victoire générale! Cela n'empêche pas de chanter le *Te Deum*. Je voudrois que le commandant Santerre publiât les explications décisives qu'il donna aux membres de la commission extraordinaire, en présence du maire de Paris, et des ministres, en présence de deux administrateurs de Versailles, qui vinrent annoncer que des milliers de gardes nationaux de la campagne demandoient un nombre de têtes connues. Santerre, avec le bon sens de l'expérience, fit renoncer

Brissot et Vergniaud à certain projet de décret physiquement impraticable. Il faut avoir le courage de parcourir les groupes, et s'entretenir familièrement avec le peuple, avant de proposer un décret, dans les temps orageux. Ce n'est pas en provoquant les horreurs d'une troisième révolution, que nous prouverons notre amour pour l'humanité.

Depuis le 10 août, les fédéralistes, et la gente moutonnière avoient résolu de se réfugier dans le midi : je fis un article vigoureux dans la *Chronique*, contre ce plan désorganisateur. La journée du 2 parut une occasion décisive pour décrier et quitter Paris. Le peuple, qui n'ignore rien, en vouloit sur-tout à Roland, dont les liaisons intimes avec Brissot lui paroissoient inquiétantes. Je ne connoissois pas Roland, et lorsque, vers la mi-juin, j'invitois le peuple à remplacer provisoirement Louis XVI par le *vénérable Roland*, je croyois celui-ci un tout autre homme. C'est le 3 septembre qu'on me fit connoître ce ministre, chez qui j'ai dîné quatre fois. Mais cette maison, d'ailleurs très-agréable par l'esprit et les graces de madame Roland; cette maison, dont les murailles devroient être transparentes comme le crystal, me devint fastidieuse, par un comérage ridicule contre Paris, et par le fédéralisme qu'on y professoit pédantesquement. Buzot, l'ascétique Buzot y prétendoit qu'une république ne devoit pas être plus étendue que son village. Rebecqui, après avoir long-temps féraillé pour les petites républiques, soutint qu'il falloit rejeter Nice, dont le commerce feroit tort à Marseille. Bancal, au défaut de mes poumons, réfuta complettement Buzot. Je dis à Rebecqui : *Vous êtes orfévre, M. Josse ? Non, pardieu*, répondit-il sérieusement ; *je suis marchand de liqueurs*. Roland, en nous racontant l'inconduite de vingt-cinq feuillans d'un bataillon des Lombards, en conclut vertueusement que les Parisiens sont des poltrons. Je fus le seul à observer que Paris avoit fourni trente à quarante mille combattans, dont la bravoure ne s'est pas démentie sur les frontières. J'ignore quel mal lui a fait Lille, la clef de Paris : les immortels Lillois ont reçu des lettres rebutantes du très-mortel ministre.

Roland, dont la tête n'a pas mûri dans les savantes combinaisons politiques, se fâcha puérilement, lorsqu'après avoir repoussé ses arguties fédératives, je lui conseillai la lecture d'un ouvrage qu'il ne connoissoit pas, et qu'il affecta de mépriser, en disant que ce livre anglais avoit eu bien peu d'influence en Amérique. Je lui appris que la dernière convention américaine professoit les mêmes principes : j'insistai ensuite sur l'importance de recevoir les Savoisiens dans notre sein, pour déjouer les sénats helvétiques, et pour éviter le funeste exemple des formes fédératives. *Ah ! je sais*, nous dit-il, d'un ton menaçant, *que des habitans de Carouge me sont adressés ; mais ils n'y retourneront pas deux fois.* C'est ainsi que l'intrigue environne un vieillard vertueux, mais bizarre, pour désorganiser un empire, pour lutter contre les destinées du genre humain. Le poëte Chénier a dit, que Roland est un personnage historique ; et moi, prosateur, je maintiens que Roland est un personnage fabuleux. Condorcet a dit un mot profond : *Il faut aux intrigans un Lafayette civil.*

Les royalistes et les fédéralistes vont réveiller la secrète jalousie des principales villes contre la *grand'ville*, en insinuant que Paris veut être *roi de France.* Ils en coucluent naturellement, que la maison de Bourbon est préférable à une maison commune, et que le fédéralisme vaut mieux que l'assujettissement. De ce réveil stupide, résulte une garde militaire, qui, au premier mécontentement prévu et provoqué, entraînera la convention nationale,

Dieu sait où! De-là resultent des lois attentatoires à la presse et à la poste ; de-là résulte la chûte des Jacobins, l'élévation d'un sénat, et l'abaissement de la sans-culotterie ; de-là résulte une constitution, non pas à la Chapelier, mais à la Buzot ; de-là résulte une religion dominante, ou au moins le maintien du culte salarié. Les illuminés de la rue des Petits-Champs sont aussi habiles que les illuminés de Potzdam. Rien de mieux, pour égarer l'opinion, pour se jouer des hommes, que de les circonvenir de noirs fantômes. Ceux qui voudroient museler le peuple comme une bête farouche, lui supposent des vices et des erreurs qu'il n'a point. Les vaines tentatives, et la catastrophe des Necker, des Bailly, des Lafayette, ne découragent pas leurs tristes et plats émules. J'avoue, à la louange du jeune Barbaroux, que, frappé de mes réponses victorieuses chez Roland, il me dit le lendemain à l'assemblée : *Mon cher Anaçharsis, je voudrois m'entretenir tête à tête avec vous, pour dissiper tous mes doutes sur le gouvernement fédératif. Ces questions vous sont plus familières qu'à moi.* Je lui répondis : *Défiez-vous des gens qui vous mettent en avant ; le philosophe est seul.* Le patriotisme de Barbaroux est pur comme les traits de son visage ; mais le feu qui l'anime est soufflé par des hommes impurs, par des hommes qui, semblables au commissaire tremblant Kersaint , sont ennemis nés des grandes pensées , et des belles actions. Les nombreux valets de Lafayette ne sont pas morts avec lui; il leur faut une nouvelle idole , un mode quelconque de servitude.

Je crus m'apercevoir que Roland exerçoit une espèce de dictature, d'autant plus qu'à l'aide de douze ou quinze secrétaires, et avec l'esprit de la *bouche de fer* , et avec l'argent de la nation, il est facile de couvrir tous les murs , et de remplir toutes les poches de *lettres édifiantes*, de *comptes moraux mystiques*. Je vis que Roland avoit fait la jonction des deux mers par un canal moral qui unissoit les bouches du Rhône à la Gironde. Je craignois que ce nouveau Louis XIV n'eût une cour qui le conduisît aussi jésuitiquement que la Maintenon et le père la Chaise. Comme je hais la cour, je ne retournai plus chez Roland, qui peut aussi m'appliquer le mot connu de Charles Lameth, président de l'assemblée constituante : *Cloots fuit les grandeurs*. Long-temps avant sa présidence, j'étois guéri de celui que sa *fameuse égratignure* m'avoit fait connoître personnellement ; J'en atteste notre collègue Massieu, évêque de Beauvais. Ce n'est pas que je veuille comparer les mystificateurs Lameth au mystifié Roland, dont la simplicité est telle, qu'il me pria bonnement de renoncer au principe de la souveraineté du genre humain. En effet, ce principe convient trop aux unitaires et aux niveleurs, pour ne pas déplaire aux fédéraliſtes & aux partiſans de chétives républiques iſolées et protégées. Notre collègue *Lachaise* ne fut pas moins ſurpris que moi du ton qui régnoit, & des diſcours qu'on tenoit chez le miniſtre de l'intérieur.

Pour en revenir à Briſſot, je lui ai parlé, la première fois de ma vie, en dînant, avec le victorieux Dumouriez, chez Pétion. Notre première conversation fut une diſpute, dont Thomas Payne fut le juge, en condamnant formellement mon adverſaire, qui, loin d'admettre ma *République universelle*, prétendoit que la France est trop grande. Payne, à chaque interpellation, répondoit : *Mister* Brissot, nous sommes encore dans l'enfance des gouvernemens ; le systême de *Mister* Cloots pourra fort bien se réaliser un jour. Une monarchie est souvent trop étendue ; mais la république des *droits de l'homme* peut couvrir le globe entier. Les mille départemens de *Mister* Cloots seront beaucoup plus faciles à gouverner que les cinq cent provinces d'un César, d'un Gengiskan, d'un Charlemagne.

J'aimerois assez Brissot ; il est gai et sociable ; je ne lui crois pas les vues qu'on lui prête ; je lui reproche plutôt les vues qu'il n'a point : sa tête ne se redresse pas d'une ligne au-dessus de la pente qu'elle a prise depuis dix ans. Dernièrement, au comité diplomatique, le citoyen Royer, évêque et député de l'Ain, nous communiqua une lettre de la Savoye dans laquelle les intentions de plusieurs de nos législateurs et ministres, contre l'admission du quatre-vingt-quatrième département, sont dévoilées. Brissot nous dit qu'il étoit du même avis : je me joignis à l'évêque de l'Ain pour le combattre. Royer insista sur ce que les départemens voisins prendroient fait & cause pour le Mont-Cénis, et que d'un refus impolitique naîtroit une scission fâcheuse. *Tant mieux*, répliqua gravement Briſſot ; *nous avons trop de départemens.* Brissot veut apparemment des républiques isolées : dans ce cas-là il seroit non pas *fédéraliste*, mais, qui pis est, *isoliste.*

Nos ambitieux sont désolés de la grandeur du peuple Français : un souverain puissant les condamne à l'impuissance. Personne n'est grand dans une grande république. Plus on a du génie ; et mieux on calcule la force irrésistible, et les avantages inappréciables de l'égalité civile, de la liberté universelle. De petites fractions nationales conviendroient mieux, sans doute, à des pigmées qui voudroient paroître des géans. Ces pigmées se coalisent derrière un homme en place dont ils renforcent le mannequin gigantesque. Illusion éphémère! car le souverain infiniment jaloux, ombrageux et fort, fait rentrer d'un regard et d'un geste tous les ambitieux dans le néant.

Voici la conclusion philosophique que je tire de cette discussion désagréable : c'est que le peuple contrarié dans son heureux instinct, par les maximes fausses d'un mandataire ou d'un fonctionnaire, attribue toujours à la corruption du cœur, ce qui n'appartient qu'a l'organisation de la tête. Par exemple, le bon Kersaint qui vouloit négocier la paix avec l'Autriche, huit jours avant le coup de canon des Tuileries, et qui, à son retour de Sédan, vouloit se cacher dans les montagnes méridionales; on l'a cru traître, et il n'étoit que sot et poltron. L'erreur engendre l'erreur. On se fait mutuellement des reproches exagérés ; les vilainies et les injustices s'en mêlent de part et d'autre; les vengeances privées s'agroupent en vengeances publiques. On est exclu ignominieusement d'un club ou d'un corps électoral; le *moi* des égoïstes s'en offense aux dépens du peuple. On s'accroche à tout, et aux royalistes, et aux fédéralistes, et aux isolistes, et aux nihilistes. N'importe, il faut entraîner la patrie dans la méprisable cause du *moi* que vous aimez mieux que le *nous*. Le *moi*, c'est Brissot, Cloots, Robespierre ; le *nous*, c'est la France et le genre humain. Et vive la république universelle !

De l'Imprimerie de DESENNE, rue Royale, butte Saint-Roch, No. 25. 1792.

[Lb41.295
P 89/3529

CLOOTS(Anacharsis).-Ni Marat, ni Roland...
-Paris, Desenne, 1792.16 p.

1989. Bibliothèque Nationale. Paris.

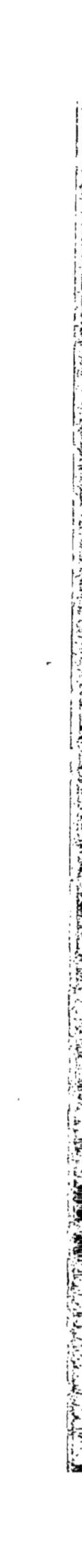

www.ingramcontent.com/pod-product-compliance
Lightning Source LLC
LaVergne TN
LVHW020309230826
846091LV00006B/2608
9782013267502